ΑΝΑΠΤΥΞΗ ΤΗΣ ΔΙΕΚΔΙΚΗΤΙΚΟΤΗΤΑΣ

Να υπερασπίζεστε τον εαυτό σας και να επικοινωνείτε πιο αποτελεσματικά

ΑΝΑΠΤΥΞΗ ΤΗΣ ΔΙΕΚΔΙΚΗΤΙΚΟΤΗΤΑΣ

Να υπερασπίζεστε τον εαυτό σας και να επικοινωνείτε πιο αποτελεσματικά

γραμμένο από Véronique Bronckart
μεταφρασμένο από Lina Sideris

50MINUTES.com

ΑΝΑΠΤΥΞΗ ΤΗΣ ΔΙΕΚΔΙΚΗΤΙΚΟΤΗΤΑΣ

- **Το θέμα;** Πώς να υπερασπιστεί κανείς την άποψή του και τις ανάγκες του, σεβόμενος παράλληλα τις απόψεις και τις ανάγκες των άλλων;

- **Γιατί είναι χρήσιμο;** Το να διεκδικείτε τον εαυτό σας χωρίς να φαίνεστε αλαζονικός ή επιθετικός σας επιτρέπει να αναπτύξετε αποτελεσματική και υγιή επικοινωνία εντός της εταιρείας σας.

- **Επαγγελματικό πλαίσιο?** Επαγγελματικές σχέσεις, προσωπική ανάπτυξη, κοινωνική ψυχολογία, διοίκηση, διαχείριση συγκρούσεων.

- **ΣΥΧΝΕΣ ΕΡΩΤΗΣΕΙΣ?**

  - Τι είναι η διεκδικητικότητα;

  - Σε ποιες καταστάσεις μπορεί να μου φανεί χρήσιμη η διεκδικητικότητα;

  - Πώς να είστε διεκδικητικοί χωρίς να φαίνεστε επιθετικοί ή αλαζόνες;

  - Διεκδικητικότητα ή εγωισμός;

  - Πώς μπορώ να αλλάξω τη συμπεριφορά μου ώστε να είμαι πιο διεκδικητικός;

  - Τι αντίκτυπο μπορεί να έχει η διεκδικητικότητα στην επαγγελματική μου ζωή;

Είτε στην ιδιωτική είτε στην επαγγελματική μας ζωή, ερχόμαστε τακτικά αντιμέτωποι με αιτήματα που μας ενοχλούν επειδή είναι πολύ επαναλαμβανόμενα ή δεν ανταποκρίνονται στις αξίες μας. Και πολύ συχνά, δεν τολμάμε να πούμε "όχι", από φόβο μήπως απογοητεύσουμε ή για να αποφύγουμε μια σύγκρουση, παρά την απογοήτευση, τη θλίψη ή το θυμό που μπορεί να μας προκαλέσει αυτή η κατάσταση. Πώς μπορούμε λοιπόν να το αποφύγουμε αυτό; Πώς μπορούμε να σταματήσουμε να απαντάμε απλώς με το "Όπως επιθυμείτε"; Πώς μπορούμε να διεκδικήσουμε τον εαυτό μας χωρίς να προκαλέσουμε σύγκρουση ή απογοήτευση; Πώς μπορούμε να αποφύγουμε να πληγώσουμε τους γύρω μας, υπερασπιζόμενοι ταυτόχρονα τα δικαιώματά μας;

Υπάρχει μόνο μία λύση: η διεκδικητικότητα. Αυτή η συμπεριφορά συγχέεται μερικές φορές με την αλαζονεία ή την επιθετικότητα, αλλά δεν είναι. Πράγματι, ενώ η επιθετική συμπεριφορά αποσκοπεί στο να βλάψει τους άλλους και η αλαζονεία είναι παρόμοια με την περιφρόνηση του άλλου, η διεκδικητικότητα αποσκοπεί στο να σεβαστεί τους άλλους και τον εαυτό του. Ωστόσο, η διαχωριστική γραμμή μεταξύ των δύο είναι ευδιάκριτη και αρκεί ένα μικρό λάθος για να θεωρηθεί απειλητικό και όχι καλοπροαίρετο. Ως εκ τούτου, είναι επιτακτική ανάγκη να επικοινωνείτε κατάλληλα. Αυτό απαιτεί καλή γνώση του εαυτού μας, των αναγκών και των αξιών μας.

Αν κι εσείς δυσκολεύεστε να επιχειρηματολογήσετε, να πείτε "όχι" ή αν δεν τολμάτε να επιβληθείτε σε μια συνάντηση, μπροστά στους συναδέλφους σας ή τον προϊστάμενό σας, αυτό το βιβλίο θα σας βοηθήσει να βγείτε από αυτές τις καταστάσεις. Σε 50 λεπτά, ανακαλύψτε τα κλειδιά για να αναπτύξετε τη διεκδικητικότητά σας μέσα από βήματα που πρέπει να ακολουθήσετε, συμβουλές και ασκήσεις.

ΤΑ ΒΑΣΙΚΑ ΤΗΣ ΔΙΕΚΔΙΚΗΤΙΚΟΤΗΤΑΣ ΣΤΗΝ ΕΞΟΥΣΙΑ

ΤΙ ΕΙΝΑΙ Η ΔΙΕΚΔΙΚΗΤΙΚΟΤΗΤΑ;

Η διεκδικητικότητα είναι η ικανότητα να εκφράζει και να υπερασπίζεται κανείς τα δικαιώματα και τις απόψεις του, σεβόμενος παράλληλα τα δικαιώματα και τις απόψεις των άλλων. Πράγματι, η διεκδικητική συμπεριφορά συνίσταται στο να δηλώνει κανείς τις ανάγκες, τα συναισθήματα, τα όρια ή τις πεποιθήσεις του με άμεσο και ειλικρινή τρόπο, με αυτοπεποίθηση και σιγουριά, χωρίς να απογοητεύει το άλλο άτομο.

Δυστυχώς, ως αποτέλεσμα λανθασμένης επικοινωνίας ή παρερμηνείας, η διεκδικητικότητα συχνά εκλαμβάνεται λανθασμένα ως επιθετικότητα ή αλαζονεία, παρόλο που ο σκοπός της είναι να εξασφαλίσει τον αμοιβαίο σεβασμό και όχι να βλάψει τους άλλους.

Η ΧΡΗΣΙΜΟΤΗΤΑ ΤΟΥ ΣΤΟ ΕΠΑΓΓΕΛΜΑΤΙΚΟ ΠΛΑΙΣΙΟ

Η αυτοπεποίθηση παίζει σημαντικό ρόλο στις επαγγελματικές σχέσεις και στις καταστάσεις διαχείρισης:

- οι επαγγελματικές σας σχέσεις βελτιώνονται και γίνονται υγιείς χάρη στη σαφή και ειλικρινή έκφραση των αντίστοιχων αναγκών,

- Αναπτύσσετε τη σχεσιακή σας νοημοσύνη, δηλαδή την ικανότητα να προσαρμόζετε το στυλ επικοινωνίας σας στο πρόσωπο με το οποίο έχετε να κάνετε και στην κατάσταση και να διευκολύνετε τους συναδέλφους σας,

- αυξάνετε τις πιθανότητές σας να κερδίσετε τις διαπραγματεύσεις σας και να συνάψετε σταθερά τις συμβάσεις σας,

- μειώνετε τις πηγές άγχους και τον κίνδυνο επαγγελματικής εξουθένωσης, τολμώντας να λέτε ευγενικά "όχι" στους συναδέλφους σας όταν είστε υπερφορτωμένοι,

- αυξάνετε την αυτοπεποίθησή σας και το αίσθημα ασφάλειας του προσωπικού σας απέναντί σας, αναλαμβάνοντας την ευθύνη και την ηγεσία,

- Μαθαίνετε να χρησιμοποιείτε την εποικοδομητική κριτική για να ενθαρρύνετε αλλαγές σε ενέργειες ή συμπεριφορές για την επίτευξη των στόχων σας,

- αποτρέπετε τα παιχνίδια εξουσίας και τους χειρισμούς παραμένοντας ειλικρινείς με τον εαυτό σας, σεβόμενοι τις ανάγκες σας και τις ανάγκες των άλλων,

- Τέλος, βελτιώνετε την ευημερία σας.

👁 ΕΠΙΔΡΑΣΗ ΣΕ ΟΛΟΚΛΗΡΗ ΤΗΝ ΕΤΑΙΡΕΙΑ

Αρκεί ένα ή δύο άτομα για να αναπτύξουν αυτή τη θετική συμπεριφορά και να επηρεαστεί η γενική ατμόσφαιρα της εταιρείας. Οι ανταλλαγές μεταξύ των τμημάτων και οι συνεδριάσεις γίνονται πιο αποτελεσματικές επειδή η επικοινωνία είναι καλύτερη. Οι στόχοι καθορίζονται καλύτερα και ο ρόλος και η συμβολή κάθε ατόμου προσδιορίζονται σαφώς, γεγονός που μπορεί επίσης να μειώσει τις πηγές συγκρούσεων. Το ίδιο ισχύει και για τις αρνητικές συμπεριφορές: η περιφρονητική αντιμετώπιση των συναδέλφων θα τους κάνει να επαναλάβουν το ίδιο μοτίβο. Ενεργήστε αναλόγως για την ευημερία του εαυτού σας και της ομάδας σας.

ΠΩΣ ΝΑ ΤΟΛΜΗΣΕΤΕ ΝΑ ΕΚΦΡΑΣΤΕΙΤΕ;

Για να τολμήσετε να εκφραστείτε, είναι απαραίτητο να μάθετε να γνωρίζετε τον εαυτό σας, να σέβεστε τον εαυτό σας, να ελέγχετε τα συναισθήματά σας και να επικοινωνείτε τις προσδοκίες σας, περιορίζοντας παράλληλα τη δυσάρεστη συμπεριφορά του συνομιλητή σας. Αν αυτό σας φαίνεται περίπλοκο, χρησιμοποιήστε τα παρακάτω βήματα για να απλοποιήσετε την εργασία.

Αυτογνωσία

Το πρώτο βήμα προς τη διεκδικητικότητα είναι να συνειδητοποιήσετε τις ανάγκες, τους φόβους, τις αξίες και τους περιορισμούς σας, ώστε να τους αποδεχτείτε. Για να το κάνετε αυτό, ρωτήστε τον εαυτό σας: "Τι χρειάζομαι; Τι είναι σημαντικό για μένα; Τι με παρακινεί; Τι φοβάμαι; Πώς με ενοχλεί αυτή η κατάσταση; Ποια συναισθήματα μου προκαλεί αυτή η κατάσταση; Ποια είναι τα όριά μου; Ο καθορισμός αυτού του πλαισίου θα σας βοηθήσει να εντοπίσετε τι είναι θεμελιώδες για εσάς και τι όχι. Δεν χρειάζεται να διεκδικείτε και να διαφωνείτε για τα πάντα, απλά επικεντρωθείτε στα πράγματα που είναι σημαντικά για εσάς.

⊙ ΤΡΕΙΣ ΚΑΤΗΓΟΡΙΕΣ ΟΡΙΩΝ

Πρέπει να σημειωθεί ότι υπάρχουν διάφορες μορφές ορίων. Υπάρχουν εκείνα που σχετίζονται με:

- **στο "δυνατό" και στο "αδύνατο". Πρόκειται** για τη διαφοροποίηση μεταξύ του τι είναι πραγματικά και φυσικά δυνατό και του τι δεν είναι. Για παράδειγμα, θα είναι αδύνατο να στείλετε ένα μήνυμα ηλεκτρονικού ταχυδρομείου εάν η σύνδεσή σας στο διαδίκτυο δεν λειτουργεί,

- **κανόνες και νόρμες.** Πρόκειται ουσιαστικά για πράξεις ή συμπεριφορές που δεν σέβονται τους ισχύοντες κανόνες, είτε αυτοί ορίζονται σε κανονισμό, είτε σε νόμο, είτε είναι αποτέλεσμα καλών τρόπων. Για παράδειγμα, το κάπνισμα κατά τη διάρκεια μιας συνάντησης δεν ενδείκνυται,

- **στις αξίες, τα πιστεύω και τις ανάγκες σας.** Αυτά τα όρια προκύπτουν όταν οι ενέργειες ή τα καθήκοντα που σας ζητείται να εκτελέσετε σας κάνουν να αισθάνεστε απογοητευμένοι, άβολα ή θυμωμένοι, επειδή είναι αντίθετα με τις αξίες σας, δεν σέβονται τις πεποιθήσεις σας ή σας εμποδίζουν να ικανοποιήσετε τις δικές σας ανάγκες. Η διεκδικητική συμπεριφορά αφορά κυρίως αυτή την κατηγορία ορίων. Ας πούμε ότι ο συνάδελφός σας σας ζητά να αλλάξετε ένα νούμερο σε ένα λογιστικό έγγραφο για να καλύψετε ένα λάθος που έκανε: αυτό δεν είναι μόνο ενάντια στους κανόνες, αλλά και ενάντια σε μια από τις αξίες σας, την ειλικρίνεια. Ή το αφεντικό σας σας ζητάει να μείνετε μέχρι αργά για να ολοκληρώσετε έναν φάκελο και είστε καλεσμένοι σε ένα εστιατόριο για να γιορτάσετε τα γενέθλια ενός φίλου σας: αυτό σας αναστατώνει γιατί έπρεπε να είστε διαθέσιμοι αυτό το βράδυ.

Σέβομαι τον εαυτό μου, σέβομαι εσένα, σέβομαι εμένα

Όπως εξηγήθηκε προηγουμένως, η διεκδικητικότητα βασίζεται στο σεβασμό για τον εαυτό μας και τους άλλους. Το να σέβεσαι τον εαυτό σου σημαίνει να μπορείς να επικοινωνείς με τον εαυτό σου. Δεν πρόκειται για την εκτέλεση ενός εσωτερικού μονολόγου, αλλά για τη συνειδητοποίηση και την αποδοχή του ποιος είσαι (η προσωπικότητά σου), τι είσαι (η συμπεριφορά και οι πράξεις σου), τι μπορείς να κάνεις (δεξιότητες, ικανότητες) και τι είναι σημαντικό για σένα (αξίες, επιθυμίες, ανάγκες). Μπορείτε τότε να ενεργείτε σύμφωνα με τον εαυτό σας και να αποφεύγετε κάθε πηγή απογοήτευσης, δυσφορίας ή άγχους. Ας πάρουμε ένα παράδειγμα: ένας συνάδελφός σας σας ζητά να τον/την βοηθήσετε να ολοκληρώσει μια έκθεση. Αυτό σας ενοχλεί γιατί έχετε πολλή δουλειά να τελειώσετε και ξέρετε ότι αν δεχτείτε, θα μείνετε πίσω, μια κατάσταση που σας αναστατώνει περισσότερο από οτιδήποτε άλλο. Έτσι, η ανακούφιση του συναδέλφου σας - η οποία θα ήταν επίσης ένδειξη ακρόασης και σεβασμού προς αυτόν ή αυτήν - θα ήταν εις βάρος της δικής σας ευημερίας. Σημειώστε ότι αυτό δεν σημαίνει ότι απορρίπτετε συστηματικά τα αιτήματα των συναδέλφων σας χωρίς να τους ακούτε! Για να σεβαστείτε και τα δύο μέρη, αναλύστε τις ανάγκες του καθενός και βρείτε έναν συμβιβασμό: εξηγήστε στον συνάδελφό σας ότι πρέπει να τελειώσετε έναν επείγοντα φάκελο, αλλά ότι θα τον βοηθήσετε μόλις ολοκληρωθεί αυτή η εργασία.

Για να διασφαλίσετε ότι σέβεστε την ακεραιότητά σας και την ακεραιότητα του ατόμου με το οποίο έχετε να κάνετε, χρησιμοποιήστε τις θέσεις ζωής της συναλλακτικής ανάλυσης, η οποία σας επιτρέπει να αναλύσετε, να κατανοήσετε και να συνειδητοποιήσετε τι συμβαίνει σε μια σχέση μεταξύ διαφορετικών ανθρώπων. Μια έννοια που αναπτύχθηκε από τον Αμερικανό ψυχολόγο Eric Berne (1910-1970), η θέση ζωής αντιπροσωπεύει την αξία που αποδίδουμε στον εαυτό μας και στους άλλους. Γίνεται διάκριση μεταξύ της θετικής ιδέας (που ονομάζεται "OK" στη συναλλακτική ανάλυση και συμβολίζεται με ένα "+") που έχει κανείς για τον εαυτό του, τους άλλους και τον κόσμο, και της αρνητικής ιδέας ("δεν είναι OK" και συμβολίζεται με ένα "-").

Για να λαμβάνετε υπόψη τόσο τις δικές σας ανάγκες όσο και τις ανάγκες των άλλων, βεβαιωθείτε ότι έχετε φτάσει στη θέση ζωής "+/+".

Να ανοίγεστε πριν διεκδικήσετε τον εαυτό σας

Το να είσαι διεκδικητικός σημαίνει επίσης να τολμάς να εκφράζεσαι ή να αρνείσαι, παραμένοντας ταυτόχρονα ανοιχτός και επικοινωνιακός. Για να επιτευχθεί η σωστή ισορροπία, είναι απαραίτητο να ακούσει κανείς τον άλλον, να τον κατανοήσει και να αποδεχτεί τη θέση και τις ανάγκες του πριν εκφράσει τις δικές του. Πολύ συχνά, ξεχνάμε να λάβουμε υπόψη μας το άλλο άτομο. Αυτό συμβαίνει, για παράδειγμα, όταν ένας εκτελεστικός βοηθός, ο οποίος έχει λάβει εντολή να μην κάνει καμία κλήση σε όποιον προσπαθεί να επικοινωνήσει με τον διευθυντή, απλώς απαντά ότι ο διευθυντής δεν είναι διαθέσιμος. Δεν μπαίνει στον κόπο να σκεφτεί τη σημασία της κλήσης και τον αντίκτυπο που μπορεί να έχει αν το άτομο δεν μπορεί να τον βρει. Ανοίγεστε πάντα στον καλούντα και αφήστε τον να εκφράσει αυτό που θέλει να πει.

Έλεγχος των συναισθημάτων σας

Τα συναισθήματα που νιώθουμε στην καθημερινή μας ζωή μας καθορίζουν ως ανθρώπινα όντα. Όταν όμως βρισκόμαστε υπό πίεση, μας καταβάλλουν, μας εμποδίζουν να σκεφτούμε σωστά και μπορούν να μας παραπλανήσουν. Σε αυτές περιλαμβάνονται το άγχος που προκαλείται από την πρόβλεψη πιθανής αποτυχίας, η απογοήτευση που προκαλείται από τη δυσαρέσκεια για μια κατάσταση ή ο θυμός που οδηγεί σε έντονη δυσαρέσκεια ή ακόμη και σε σωματική βία. Όταν παρασυρόμαστε από τα συναισθήματά μας, η κατάσταση μπορεί γρήγορα να ξεφύγει από τον έλεγχο. Το κλειδί για να το αποφύγουμε αυτό είναι να αναπτύξουμε μια καλύτερη γνωστική αντίληψη του τι συμβαίνει όταν βρισκόμαστε σε αυτές τις καταστάσεις.

Για να το δείτε αυτό, αναλύστε μια πρόσφατη κατάσταση σύγκρουσης και ρωτήστε τον εαυτό σας: "Τι ένιωσα σε αυτή την κατάσταση; Γιατί με έκανε να νιώσω θυμό, άγχος ή θλίψη; Ήμουν σε θέση να αποδεχτώ αυτό το συναίσθημα; Το εξέφρασα και πώς; Πώς το διοχέτευσα; Αυτές οι ερωτήσεις θα σας βοηθήσουν να κατανοήσετε και να εντοπίσετε την αιτία των συναισθημάτων σας και έτσι να μάθετε να τα ελέγχετε καλύτερα.

Για παράδειγμα, ένα βράδυ το αφεντικό σας σας ζητάει να μείνετε μια ώρα αργότερα για να τελειώσετε έναν φάκελο, ενώ πρέπει να πάρετε τα παιδιά σας από το σχολείο. Αν έχετε την τάση να υποτάσσεστε από φόβο μήπως δεν τον ικανοποιήσετε, πιθανόν να νιώσετε ένα μείγμα φόβου (φοβάστε να επιβληθείτε επειδή εκείνος εκπροσωπεί την εξουσία), απογοήτευσης (δεν τολμάτε να εκφράσετε τις ανάγκες σας) και θλίψης (υποσχεθήκατε στα παιδιά σας να έρθουν). Αναλύοντας την κατάσταση, κατανοώντας την αιτία αυτών των συναισθημάτων και προσπαθώντας να τα διοχετεύσετε, θα μπορέσετε να τα διαχειριστείτε καλύτερα και, μακροπρόθεσμα, θα τολμήσετε να επιβληθείτε.

Τολμήστε να πείτε

Πράγματι, το να τολμάς να πεις κάτι δεν είναι πάντα εύκολο. Με το πρόσχημα της προστασίας του άλλου, τείνουμε να μην εκφράζουμε τον εαυτό μας φοβούμενοι την αντίδρασή του ή επειδή ντρεπόμαστε για αυτά που λέμε. Τότε προτιμάμε να δίνουμε προτεραιότητα στις ανάγκες και τις επιθυμίες των άλλων παρά στις δικές μας. Για παράδειγμα, όταν ένας συνάδελφός σας προσφέρεται να συμμετάσχει σε ένα σεμινάριο που δεν σας ενδιαφέρει, αντί να δεχτείτε από ευγένεια, τολμήστε να του πείτε πώς αισθάνεστε και απορρίψτε την πρόσκληση. Αν ο συνάδελφός σας προσβληθεί, εξηγήστε την κατάσταση με ψυχραιμία: "Δεν νομίζω ότι η συμμετοχή μου σε αυτό το σεμινάριο θα μου είναι χρήσιμη, διότι το θέμα δεν είναι σχετικό με τον επαγγελματικό μου τομέα. Η σιωπή δεν αποτελεί λύση, καθώς μπορεί να οδηγήσει σε απογοήτευση ή θυμό στο συνομιλητή σας, γεγονός που θα βλάψει τη σχέση σας. Κανείς δεν μπορεί να μαντέψει πώς αισθάνεστε αν δεν το εκφράσετε.

👁 ΚΛΕΙΣΙΜΟ ΜΑΤΙΟΥ ΕΡΓΟΔΟΤΗ

Ένας καλός ηγέτης είναι κάποιος που, μεταξύ άλλων ιδιοτήτων, εκφράζει τις προσδοκίες του με σαφήνεια, αυτοπεποίθηση και αποφασιστικότητα, ενώ παράλληλα παραμένει προσεκτικός στις ανάγκες της ομάδας.

Καλή επικοινωνία

Η συνειδητοποίηση της ανάγκης έκφρασης είναι ένα πρώτο βήμα. Αλλά πώς το κάνετε στην πραγματικότητα; Ξεκινήστε με την προετοιμασία της ομιλίας σας βασιζόμενοι σε πραγματικά, απτά γεγονότα χρησιμοποιώντας τις βασικές ερωτήσεις του πλέγματος QQOQCC: "Ποιος; Ποιος; Τι; Πού; Πότε; Πώς; Πόσο;" Στόχος είναι η ακριβής και αντικειμενική παρουσίαση των γεγονότων χωρίς γενικεύσεις, προσωπικές απόψεις ή κατηγορίες. Χρησιμοποιώντας πληροφορίες με τις οποίες είστε εξοικειωμένοι, θα αποκτήσετε μεγαλύτερη αυτοπεποίθηση και άνεση στην έκφρασή σας, καθώς θα είναι δύσκολο να αμφισβητηθεί αυτό που λέτε.

Χρησιμοποιήστε ήρεμη και κατάλληλη επικοινωνία για να εκφράσετε τα συναισθήματα και τις ανάγκες σας. Αυτό θα μειώσει την ένταση και θα διευκολύνει την κατανόηση. Βγάλτε νόημα από τα λεγόμενά σας και διατυπώστε σαφή και περιεκτικά αιτήματα, διασφαλίζοντας ότι αυτά θα έχουν θετική έκβαση και για τα δύο μέρη. Κατά τη διάρκεια της ανταλλαγής απόψεων, αφήστε και το άλλο άτομο να εκφραστεί και ακούστε την άποψή του.

◉ ΜΙΚΡΟ ΣΥΝ

Αφού ακούσετε τον άλλον και εκφράσετε τις ανάγκες σας, ολοκληρώστε την ανταλλαγή απόψεων με θετικό τρόπο, βρίσκοντας έναν συμβιβασμό. Μην ξεχνάτε τις λέξεις-κλειδιά της διεκδικητικότητας: ενσυναίσθηση, διεκδικητικότητα και σεβασμός για το άλλο άτομο.

ΚΟΡΥΦΑΙΕΣ ΣΥΜΒΟΥΛΕΣ

- **Ούτε χαλάκι ούτε σκαντζόχοιρος**. Η παθητικότητα θέτει σε κίνδυνο τη δική σας ευημερία, αλλά η επιθετικότητα μπορεί να σας κάνει παρία της εταιρείας. Βρείτε τη σωστή ισορροπία: η διεκδικητική συμπεριφορά έχει να κάνει με τη διεκδίκηση και την επιβολή των αναγκών, των ορίων ή των απόψεών σας με τρόπο προσεκτικό και σταθερό, χωρίς να τις επιβάλλετε στους άλλους.

- **Γνωρίστε τον εαυτό σας**. Για να μπορέσετε να διεκδικήσετε τον εαυτό σας, πρέπει να έχετε επίγνωση των αξιών, των φόβων, των συναισθημάτων, των αναγκών και των ορίων σας. Θα είναι αδύνατο να τις εκφράσετε αυθεντικά αν τις αγνοήσετε.

- **Να σέβεστε τον εαυτό σας και τον συνομιλητή σας**. Αυτό σημαίνει να εκφράζετε τις ανάγκες και τα συναισθήματά σας. Το να τα κρατάτε για τον εαυτό σας θα οδηγούσε σε απογοήτευση ή άγχος. Το να σέβεστε τον εαυτό σας σημαίνει επίσης να ξέρετε πώς να λέτε "όχι" όταν η κατάσταση το απαιτεί. Επιπλέον, δεν αρκεί να ακούτε και να κατανοείτε το άλλο άτομο- πρέπει να διασφαλίσετε ότι οι ιδέες και τα λόγια σας λαμβάνουν υπόψη τα συμφέροντα του άλλου ατόμου.

- **Ανοιχτείτε στο άλλο άτομο**. Πριν εκφραστείτε, ακούστε τον άλλον, να είστε ανοιχτοί στα συναισθήματα και τα λόγια του, ώστε να κατανοήσετε τα συμφέροντά του και να βρείτε έναν συμβιβασμό με τα δικά σας.

- **Εκφράστε τα συναισθήματά σας**. Σε μια δύσκολη ή συγκρουσιακή κατάσταση, εντοπίστε, αποδεχτείτε και διοχετεύστε τα συναισθήματα που νιώθετε (θυμό, θλίψη κ. λπ.), ώστε να μη σας καταβάλλουν. Χρησιμοποιήστε τα θετικά εκφράζοντάς τα με σαφήνεια στο άλλο άτομο, ώστε να κατανοήσει τον αντίκτυπο των λόγων και των πράξεών του σε εσάς. Αν αντιδράσετε έντονα χωρίς να δώσετε λόγο, θα φανείτε επιβλητικοί, κυκλοθυμικοί, θυμωμένοι, αλλά σίγουρα όχι διεκδικητικοί.

- **Κάντε στον εαυτό σας τις σωστές ερωτήσεις**. Αυτό περιλαμβάνει την ανάλυση της κατάστασης προκειμένου να την κατανοήσουμε και να την αντιμετωπίσουμε καλύτερα. Αναρωτηθείτε γιατί η κατάσταση σας ενοχλεί, ποιες είναι οι ανάγκες σας και οι ανάγκες του άλλου ατόμου, τι είδους όρια έχει ξεπεράσει το άλλο άτομο κ.ά. Τέλος, ξεμπλοκάρετε την κατάσταση ρωτώντας: "Ποια λύση θα μπορούσε να είναι επωφελής και για τους δύο μας; Τέλος, ξεμπλοκάρετε την κατάσταση θέτοντας το ερώτημα: "Ποια λύση θα μπορούσε να είναι επωφελής και για τους δυο σας;

- **Τολμήστε να πείτε "όχι"**. Βάλτε τα πράγματα σε μια προοπτική: η άρνηση ενός αιτήματος δεν οδηγεί πάντα σε καταστροφικές καταστάσεις. Ωστόσο, μην τις απορρίπτετε όλες- αναλύστε τις και μετρήστε τον αντίκτυπό τους προτού λάβετε την απόφασή σας: "Ποια θα είναι τα πλεονεκτήματα και τα μειονεκτήματα της αποδοχής;".

- **Τελειώστε με μια θετική σημείωση**. Όπως και στην περίπτωση της μη βίαιης επικοινωνίας, είναι πολύ σημαντικό ο διάλογος να ολοκληρωθεί με μια αμοιβαία επωφελή συμφωνία. Μην ξεχάσετε να ευχαριστήσετε το άλλο άτομο που σας άκουσε κατά τη διάρκεια της συζήτησης.

Η ΔΙΕΚΔΙΚΗΤΙΚΟΤΗΤΑ ΣΤΗ ΜΗ ΒΙΑΙΗ ΕΠΙΚΟΙΝΩΝΙΑ

Η αυτοπεποίθηση είναι μία από τις θεμελιώδεις επικοινωνιακές δεξιότητες της Μη Βίαιης Επικοινωνίας, μιας μεθόδου που αναπτύχθηκε από τον Αμερικανό ψυχολόγο Marshall Rosenberg (1934-2015). Ενώ η διεκδικητικότητα είναι μια στάση, η μη βίαιη επικοινωνία αναφέρεται άμεσα σε μια τεχνική επικοινωνίας. Και οι δύο βασίζονται στην αυθεντικότητα, την ενσυναίσθηση και τον σεβασμό και χρησιμοποιούνται για να εκφραστεί κανείς με σαφήνεια και αποφασιστικότητα, αλλά χωρίς επιθετικότητα, προκειμένου να παραμείνει σε συμφωνία με τον εαυτό του, λαμβάνοντας υπόψη τις ανάγκες του άλλου.

- **Να είστε προσεκτικοί με τα λόγια και τις πράξεις σας**. Για να διεκδικήσετε τον εαυτό σας χωρίς να φανείτε επιθετικός, είναι σημαντικό να υιοθετήσετε ένα ήρεμο, με σεβασμό λεξιλόγιο προσαρμοσμένο στην κατάσταση. Προσέξτε επίσης τη φωνή σας: μην μιλάτε πολύ δυνατά και κρατήστε τον τόνο σας ουδέτερο. Η γλώσσα του σώματος παίζει σημαντικό ρόλο. Ως εκ τούτου, δώστε προσοχή στις χειρονομίες σας (π.χ. το να δείχνετε κάποιον μπορεί να εκληφθεί ως επιθετικότητα) και στις εκφράσεις του προσώπου σας (αποφύγετε το μειδίαμα). Σταθείτε όρθιοι για να δώσετε την εικόνα ενός ατόμου με αυτοπεποίθηση και αποφασιστικότητα.

- **Μην υποχωρείτε.** Αν θέλετε να αναπτύξετε διεκδικητική συμπεριφορά, να είστε συνεπείς με αυτά που λέτε, μένοντας σταθεροί στις θέσεις σας. Αν ενδώσετε, κινδυνεύετε να χάσετε κάθε αξιοπιστία απέναντι στο άλλο άτομο, το οποίο δεν θα λάβει υπόψη του τα λόγια σας κατά την επόμενη ανταλλαγή απόψεων.

- **Κάντε ένα βήμα πίσω.** Ακόμη και αν είστε σίγουροι ότι γνωρίζετε τι χρειάζεστε εκείνη τη στιγμή, μπορεί να αλλάξετε γνώμη εν θερμώ. Μην λαμβάνετε σημαντικές αποφάσεις εν βρασμώ ψυχής.

👁 ΚΛΕΙΣΙΜΟ ΜΑΤΙΟΥ ΥΠΑΛΛΗΛΟΥ

Το να είσαι διεκδικητικός δεν σημαίνει ότι είσαι δυσάρεστος ή αλαζόνας. Με το να είστε διεκδικητικοί, θα δώσετε την εικόνα ενός ατόμου με αυτοπεποίθηση και σιγουριά, γεγονός που θα βελτιώσει τις σχέσεις σας με τους συναδέλφους και τους ανωτέρους σας. Προσέξτε όμως να είστε ο εαυτός σας: αν είστε συγκρατημένη, δεν χρειάζεται να πιέζετε τον εαυτό σας να είναι υπερβολικά διεκδικητική, αρκεί να μην αισθάνεστε συγκλονισμένη. Δεν υπάρχει ένας μόνο τύπος διεκδικητικότητας, οπότε φτιάξτε τη δική σας προσωπικότητα.

ΣΥΧΝΕΣ ΕΡΩΤΗΣΕΙΣ

ΤΙ ΕΙΝΑΙ Η ΔΙΕΚΔΙΚΗΤΙΚΟΤΗΤΑ;

Είναι μια συμπεριφορά και ένας τρόπος επικοινωνίας που βασίζεται στο σεβασμό για τον εαυτό μας και τους άλλους. Η διεκδικητικότητα προσκαλεί να διεκδικήσει κανείς τον εαυτό του, να εκφράσει τις ανάγκες του ή την άποψή του, να υπερασπιστεί τα συμφέροντά του, σεβόμενος παράλληλα τα συμφέροντα του άλλου ατόμου. Ένα διεκδικητικό άτομο τολμά να πει αυτό που σκέφτεται με αυτοπεποίθηση και σιγουριά, παραμένοντας ταυτόχρονα ανοιχτό και στοργικό. Αναπτύσσοντας αυτή τη στάση, οι επαγγελματικές σας σχέσεις και η ευημερία σας θα βελτιωθούν.

ΣΕ ΠΟΙΕΣ ΚΑΤΑΣΤΑΣΕΙΣ ΜΠΟΡΕΙ ΝΑ ΜΟΥ ΦΑΝΕΙ ΧΡΗΣΙΜΗ Η ΔΙΕΚΔΙΚΗΤΙΚΟΤΗΤΑ;

Αυτή η συμπεριφορά μπορεί να είναι χρήσιμη σε πολλές καταστάσεις με έναν προϊστάμενο ή συνάδελφο, είτε σε συναντήσεις είτε κατά τη διάρκεια μιας διαφωνίας. Η διεκδικητικότητα είναι επίσης πολύ κατάλληλη στο πλαίσιο της μη βίαιης επικοινωνίας.

👁 ΑΠΕΥΘΥΝΘΕΙΤΕ ΣΤΟ ΣΩΣΤΟ ΠΡΟΣΩΠΟ

Σημειώστε ότι είναι επιτακτική ανάγκη να είστε διεκδικητικοί με το σωστό άτομο. Το να υποστηρίζετε τη γνώμη σας σε κάποιον που δεν είναι υπεύθυνος για τη λήψη αποφάσεων θα σας αποφέρει ελάχιστα οφέλη. Για παράδειγμα, ο προϊστάμενός σας σας ζητά να τελειώσετε μια εργασία μέχρι το Σαββατοκύριακο. Δεν μπορείτε να το κάνετε αυτό επειδή δεν έχετε τα απαιτούμενα υλικά. Η αντικειμενική και ψύχραιμη επίδειξη αυτού του γεγονότος σε έναν συνάδελφο δεν θα σας βοηθήσει. Επικοινωνήστε απευθείας με τον προϊστάμενό σας και εξηγήστε γιατί δεν μπορείτε να ανταποκριθείτε θετικά στο αίτημά του.

ΠΩΣ ΝΑ ΕΙΣΤΕ ΔΙΕΚΔΙΚΗΤΙΚΟΙ ΧΩΡΙΣ ΝΑ ΦΑΙΝΕΣΤΕ ΕΠΙΘΕΤΙΚΟΙ Η ΑΛΑΖΟΝΕΣ;

Ένα διεκδικητικό άτομο δεν είναι ούτε αλαζονικό ούτε επιθετικό. Εάν αυτή η συμπεριφορά θεωρείται μερικές φορές ως τέτοια, πρόκειται απλώς για παρερμηνεία ή για σφάλμα επικοινωνίας. Δώστε προσοχή στη λεκτική γλώσσα και τη γλώσσα του σώματός σας, ώστε να μην μεταφέρετε μια κακή εικόνα του εαυτού σας. Το να είστε διεκδικητικοί και σίγουροι για τον εαυτό σας δεν σημαίνει να πατάτε πάνω στους άλλους. Βρείτε την ισορροπία για να εκφράσετε τις ανάγκες σας χωρίς να απογοητεύσετε ή να πληγώσετε το άλλο άτομο.

ΔΙΕΚΔΙΚΗΤΙΚΟΤΗΤΑ Η ΕΓΩΙΣΜΟΣ;

Το να εκφράζετε την άποψή σας, ιδίως αρνούμενοι, δεν σημαίνει ότι είστε εγωιστές. Για να το κάνετε αυτό, βεβαιωθείτε ότι εκφράζεστε με τον σωστό τρόπο: παραμείνετε σε συμφωνία με τον εαυτό σας, σεβαστείτε το άλλο άτομο και λάβετε υπόψη τις αντίστοιχες ανάγκες σας, προκειμένου να βρείτε μια λύση που *θα είναι αμοιβαία επωφελής*.

ΠΩΣ ΜΠΟΡΩ ΝΑ ΑΛΛΑΞΩ ΤΗ ΣΥΜΠΕΡΙΦΟΡΑ ΜΟΥ ΩΣΤΕ ΝΑ ΕΙΜΑΙ ΠΙΟ ΔΙΕΚΔΙΚΗΤΙΚΟΣ;

Ξεκινήστε κάνοντας λίγη δουλειά με τον εαυτό σας για να τον γνωρίσετε καλύτερα. Κάντε στον εαυτό σας τις σωστές ερωτήσεις: "Ποιος είμαι; Τι μου αρέσει; Τι μισώ; Ποιες είναι οι ικανότητές μου, οι δεξιότητές μου; Ποιες είναι οι αδυναμίες μου; Ποιοι είναι οι φόβοι μου, οι αξίες μου, τα όριά μου, οι ανάγκες μου;

Στη συνέχεια, πάρτε το θάρρος και πείτε αυτό που σκέφτεστε. Εκφράστε τη γνώμη σας με ηρεμία αλλά αποφασιστικότητα, φροντίζοντας να μην προσβάλλετε το άλλο άτομο και να σέβεστε τα συμφέροντα του άλλου. Θυμηθείτε να παραμείνετε ανοιχτοί και δεκτικοί στο άλλο άτομο, ακούγοντας και λαμβάνοντας υπόψη την άποψή του.

ΤΙ ΑΝΤΙΚΤΥΠΟ ΜΠΟΡΕΙ ΝΑ ΕΧΕΙ Η ΔΙΕΚΔΙΚΗΤΙΚΟΤΗΤΑ ΣΤΗΝ ΕΠΑΓΓΕΛΜΑΤΙΚΗ ΜΟΥ ΖΩΗ;

Αυτή η συμπεριφορά θα μεταμορφώσει τον επαγγελματικό σας ορίζοντα βοηθώντας σας να:

- να αναπτύσσουν υγιείς επικοινωνιακές και επαγγελματικές σχέσεις βασισμένες στον αμοιβαίο σεβασμό,

- μείωση των πηγών συγκρούσεων και βελτίωση της γενικής ατμόσφαιρας,

- παρακινήστε τις ομάδες σας διεκδικώντας τον εαυτό σας με αυτοπεποίθηση και αποφασιστικότητα,

- να κάνετε τις συνεδριάσεις σας πιο αποτελεσματικές,

- να διαπραγματευτείτε ή να συνάψετε μια σύμβαση με ευκολία ,

- να λέτε "όχι" όταν το πρόγραμμά σας είναι υπερφορτωμένο,

- να βελτιώσετε την επαγγελματική και προσωπική σας ευημερία.

ΑΠΟ ΕΣΑΣ ΕΞΑΡΤΑΤΑΙ!

ΕΙΣΤΕ ΔΥΝΑΜΙΚΟΣ;

Αυτή η άσκηση σας καλεί να αξιολογήσετε το επίπεδο της διεκδικητικότητάς σας και να εντοπίσετε συμπεριφορές που μπορείτε να βελτιώσετε. Θυμηθείτε μια φορά που σας ζητήθηκε από έναν συνάδελφο ή προϊστάμενο να πείτε "ναι", ενώ θα θέλατε να πείτε "όχι", και απαντήστε στις ακόλουθες ερωτήσεις:

- Ποιο ήταν το αίτημα του συνομιλητή σας; Ήταν ένα "πρέπει" ή ένα "θα ήταν ωραίο αν";

- Τι είδους όριο ήταν αυτό για εσάς;

- Εκείνη την εποχή, ποιες ήταν οι επιθυμίες και οι ανάγκες σας; Τις εκφράσατε;

- Πώς αισθανθήκατε; Μιλήσατε γι' αυτό;

- Έχουν γίνει σεβαστές οι αξίες σας;

- Εκφράσατε όλα όσα θέλατε; Αν ναι, τι συνέπειες είχαν τα λόγια σας; Αν όχι, γιατί όχι;

- Ακούσατε και κατανοήσατε τις ανάγκες και τις αξίες του ατόμου με το οποίο μιλούσατε; Εάν ναι, ποια ήταν αυτά; Αν όχι, γιατί όχι;

- Ποιος έλαβε την τελική απόφαση; Εσύ, αυτός ή και οι δύο σε συμβιβασμό; Γιατί συνέβη αυτό;

- Έχετε αντιμετωπίσει την ανάγκη και την ευκαιρία να διαπραγματευτείτε;

- Αν η ανταλλαγή είχε άσχημη κατάληξη, ποια στάση θα μπορούσατε να υιοθετήσετε για να την τελειώσετε με θετικό πρόσημο;

ΤΟΛΜΩΝΤΑΣ ΝΑ ΔΙΕΚΔΙΚΗΣΕΤΕ ΤΟΝ ΕΑΥΤΟ ΣΑΣ

Απαριθμήστε διάφορα πλαίσια στα οποία αντιμετωπίσατε δυσκολίες στο να διεκδικήσετε τον εαυτό σας. Αυτή η άσκηση θα σας βοηθήσει να γνωρίσετε καλύτερα τον εαυτό σας, να αναλύσετε τις καταστάσεις και να τις τοποθετήσετε σε μια προοπτική, ώστε να τολμήσετε να εκφράσετε και να αναλάβετε τις ανάγκες σας.

ΓΙΑ ΝΑ ΠΡΟΧΩΡΗΣΕΤΕ ΠΕΡΑΙΤΕΡΩ

ΒΙΒΛΙΟΓΡΑΦΙΚΕΣ ΠΗΓΕΣ

Corten (Philippe), *Tuer le stress avant qu'il ne nous tue! Manuel pratique de gestion du stress*, Βρυξέλλες, Clinique du Stress CHU Brugman, 2006.

"Ορισμός και χρησιμότητα της διεκδικητικότητας", στο *Assertiveness*, Φεβρουάριος 2013, πρόσβαση στις 2 Σεπτεμβρίου 2015.

Le Guernic (Agnès), "Les positions de vie", στο *AT*, πρόσβαση στις 25 Σεπτεμβρίου 2015.

http://analysetransactionnelle.fr/les-concepts-de-base/les-positions-de-vie/

Tournebise (Τιερί), "Αυτοπεποίθηση. L'affirmation de soi dans le respect d'autrui", στο *Maieusthesie*, Σεπτέμβριος 2001, πρόσβαση στις 2 Σεπτεμβρίου 2015.

http://maieusthesie.com/nouveautes/article/assertivite.htm

ΠΡΟΣΘΕΤΕΣ ΠΗΓΕΣ

Grivel (Sylvie), *Être soi dans ses relations. Développer son assertivité en entreprise*, Παρίσι, Eyrolles, 2014.

Hadfield (Sue) και Hasson (Gill), *Développez votre assertivité dans toutes les situations*, Paris, Leduc.s Éditions, 2012.

Schuler (Éric), *Comment s'affirmer. L'assertivité au quotidien, ni hérisson, ni paillasson*, Παρίσι, Éditions d'Organisation, 1992.

VB Coach'In, *La Communication NonViolente en milieu professionnel*, Βρυξέλλες, Lemaitre Publishing, 2015.

IMPROVE YOUR
GENERAL KNOWLEDGE
IN THE BLINK OF AN EYE!

www.50minutes.com

Ο εκδότης διασφαλίζει την αξιοπιστία των πληροφοριών που δημοσιεύονται, η οποία όμως δεν μπορεί να αποτελέσει ευθύνη του.

Κύριο ISBN: 9782808664349
ISBN: 9782808671767
Νόμιμη κατάθεση: D/2023/12603/498

Ψηφιακός σχεδιασμός: Primento,
ο ψηφιακός συνεργάτης των εκδοτών.

9 782808 671767